T0161159

Cómo gestionar tu tiempo

SERIE MANAGEMENT EN 20 MINUTOS

Actualiza rápidamente tus competencias profesionales básicas. Tanto si buscas un curso intensivo como si solo pretendes repasar brevemente tus conocimientos, la SERIE MANAGEMENT EN 20 MINUTOS te ayudará a encontrar justo lo que necesitas, es decir, un conocimiento fundamental para profesionales ambiciosos o futuros ejecutivos. Cada uno de los libros es una breve y práctica introducción que te permitirá repasar una amplia variedad de temas indispensables para la gestión de negocios, y que, además, te ofrece los consejos (sencillos, útiles y fáciles de aplicar) de los académicos más prestigiosos.

Títulos de la colección:

Cómo crear un plan de negocio

Cómo gestionar tu tiempo

Cómo dirigir reuniones de trabajo

Finanzas básicas

Cómo ser más productivo

Cómo mantener una conversación difícil

Cómo gestionar la relación con tu superior

Cómo realizar presentaciones

Cómo colaborar virtualmente

Management Tips

Cómo liderar equipos virtuales

Cómo dirigir reuniones virtuales

SERIE MANAGEMENT EN 20 MINUTOS

Cómo gestionar tu tiempo

Céntrate en lo importante
Evita las distracciones
Haz las cosas bien hechas

REVERTÉ MANAGEMENT (**REM**)
Barcelona · México

HARVARD BUSINESS REVIEW PRESS
Boston, Massachusetts

Cómo gestionar tu tiempo
SERIE MANAGEMENT EN 20 MINUTOS
Managing time
20 MINUTE MANAGER SERIES

Copyright 2014 Harvard Business School Publishing Corporation
All rights reserved.

ⓒ **Editorial Reverté, S. A., 2021, 2022**
Loreto 13-15, Local B. 08029 Barcelona – España
revertemanagement@reverte.com

3ª impresión: junio 2022

Edición en papel
ISBN: 978-84-17963-23-1

Edición ebook
ISBN: 978-84-291-9610-8 (ePub)
ISBN: 978-84-291-9611-5 (PDF)

Editores: Ariela Rodríguez / Ramón Reverté
Coordinación editorial y maquetación: Patricia Reverté
Traducción: Genís Monrabà Bueno
Revisión de textos: Mª Carmen

Impreso en España – *Printed in Spain*
Depósito legal: B 3196-2021

Impresión: Liberdúplex
Barcelona – España

Introducción

Tienes mucho que hacer y muy poco tiempo por delante; eso es frustrante y estresante, además de que te impide alcanzar tus objetivos. Es verdad que no existe una fórmula mágica para añadir más horas al día, pero sí puedes aprender a gestionar tu tiempo (por muy limitado que sea) de forma más ordenada y eficaz. Este libro te enseñará el método y los pasos que debes seguir para retomar el control a través de:

- La organización de tu tiempo.

- El establecimiento de prioridades en tus responsabilidades.

- La creación de un plan para reorganizar el tiempo disponible de modo que se adapte a tus objetivos.

- La gestión de los plazos de entrega.

- La elaboración de listas de tareas orientadas a objetivos.

- La reducción de interrupciones y distracciones.

Contenido

Contenido

Cómo gestionar tu tiempo

¿Por qué es importante que aprendas a gestionar tu tiempo?

¿Por qué es importante que aprendas a gestionar tu tiempo?

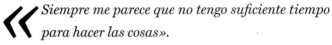*Siempre me parece que no tengo suficiente tiempo para hacer las cosas».*

¿Te resulta familiar este pensamiento?

Si es así, seguro que eres una persona muy ocupada: tienes tus tareas cotidianas y también los proyectos que tu jefe te confía; eso sin mencionar las competencias o habilidades que quieres adquirir o las nuevas metas que pretendes alcanzar a largo plazo. De modo que haces malabares para hacerte cargo de tus responsabilidades o cumplir plazos. Aun así, crees que no podrás sacarlo todo adelante, porque hay demasiado que hacer y muy poco tiempo: el limitado número de horas de la jornada laboral.

Si, además de todo eso, avanzas muy lentamente, tu sensación puede ser de desbordamiento absoluto. Más aún si no terminas todas tus tareas ni cumples siempre las fechas de entrega, y a veces abandonas algún que otro proyecto.

Pero la vida es así, ¿verdad?

No, no es cierto, las cosas no tienen por qué ser así. Tanto si acabas de incorporarte al mundo laboral como si ya cuentas con una gran experiencia profesional, pero arrastras un problema de gestión del tiempo, puedes aprender a priorizar, planificar, optimizar y ajustar tus horarios en función de los objetivos que te hayas (o te hayan) marcado. La capacidad organizativa no tiene por qué estar en tu ADN; es una habilidad que se aprende y se perfecciona con tiempo, práctica y disciplina suficientes.

No hay un solo método para gestionar el tiempo, puesto que cada persona tiene una forma de ser diferente y horarios y responsabilidades diversos. Sin embargo, existen ciertas estrategias que garantizan la obtención de resultados. En este libro aprenderás los conceptos básicos al respecto, así como algunos métodos que se han probado efectivos para retomar el control de tu agenda. Así pues, no malgastes más tu tiempo.

Entre otras cosas, este libro te va a enseñar a:

- Evaluar cómo inviertes tu tiempo en el día a día para descubrir dónde y cuándo lo malgastas.

- Identificar tus objetivos para orientar tu esfuerzo a ellos.

- Reorganizar el tiempo para priorizar tu trabajo y las metas clave para ti y tu empresa.

- Superar los obstáculos que te impiden hacer lo que *deberías* estar haciendo.

Una vez que domines estas estrategias serás capaz de gestionar tu tiempo de forma consciente y descubrirás que puedes sacarle mucho más partido. Además, dispondrás de más tiempo y energía para concentrarte en las habilidades, tareas y proyectos relevantes para ti, para tu jefe, tu equipo o tu empresa.

Vamos allá.

Evalúate

Evalúate

El primer paso para gestionar tu tiempo de forma más eficaz es autoevaluarte.

Seguro que crees saber el tipo de tareas que haces a diario y cuánto tiempo empleas en cada una. Pero las percepciones no siempre se ajustan a la realidad, de modo que quizá la sobreestimes o la subestimes, al menos en parte. Además, todo el mundo tiene ciertos puntos ciegos que no ayudan en absoluto. Todos esos errores de percepción se suman y al final te pintan una imagen incompleta de tu tiempo y de cómo lo inviertes.

Por eso es fundamental que tomes nota de todo lo que haces. Durante una semana o dos lleva un registro de tus tareas y del tiempo que inviertes en ellas. En este capítulo te enseñaremos cómo elaborar un plan de seguimiento útil.

Un seguimiento tan exhaustivo puede parecerte una tarea laboriosa, pero, en realidad, el tiempo dedicado a ello puede reducirse al mínimo y, en cualquier caso, es la mejor manera de obtener un registro claro y detallado del modo en que has aprovechado o desperdiciado tu tiempo. Cuánto más consciente seas de tus hábitos, más información tendrás para hacer planes o tomar decisiones de cara al futuro.

Define tus objetivos

Antes de empezar el seguimiento de tus actividades, identifica la razón por la cual estás haciendo este ejercicio. ¿Cuál es tu objetivo? ¿Qué te lleva a tratar de mejorar tu gestión del tiempo? Esta pregunta quizá te parezca demasiado simple para dedicarle tiempo —al fin y al cabo, tienes muy poco—, pero es de vital importancia, porque la respuesta que des determinará tu esfuerzo y servirá también como indicador de tu éxito. Si sabes adónde te diriges, es mucho más fácil imaginarte cómo llegar.

Tu objetivo puede ser personal o profesional: tal vez sea un proyecto para el que quieres reservar más tiempo, una nueva competencia o habilidad que deseas aprender o, simplemente, una forma de alcanzar el nivel de rendimiento que tu jefe espera de ti. En realidad, puede ser lo que quieras, tanto cumplir los plazos de entrega como dejar de quedarte hasta tarde en el trabajo cuando podrías estar en casa con tu familia; y también puede ser una combinación de todos los motivos mencionados. En cualquier caso, asegúrate de que tu meta coincide con las que te convienen para tu carrera profesional.

Haz una clasificación de tus obligaciones

Tu plan de seguimiento debe ser lo más sencillo y manejable posible.

Para ello, lo primero es clasificar tus tareas en distintos tipos de actividades —por ejemplo, crecimiento personal, responsabilidades básicas, trabajo administrativo, etc.— y luego calcular el tiempo que inviertes en cada una; eso es mucho más fácil que anotar cada tarea por separado.

Según sea tu trabajo, también puedes desglosar las tareas de acuerdo con otros criterios. Por ejemplo, si en tu entorno laboral los plazos de entrega son lo principal, puedes clasificar tu carga de trabajo según su urgencia: entregas a corto plazo, a largo plazo y urgentes; o según su prioridad: alta, media o baja. Para los ejemplos de este libro usaremos el primer método de clasificación, aunque cualquiera funcionaría igual de bien.

Ya hemos visto que aunque un seguimiento estricto de tus tareas pueda ser arduo, merece el esfuerzo por su utilidad: la recompensa llegará cuando salgan a la luz los periodos improductivos. De todos modos, si solo hay un tipo de actividad que te genere problemas de gestión de tiempo —por ejemplo, las labores administrativas—, también puedes limitar el seguimiento a esa.

A continuación, te damos algunos ejemplos que pueden serte de ayuda para clasificar tu trabajo:

- *Responsabilidades básicas:* son las tareas cotidianas que suponen la esencia de tu labor profesional. Por ejemplo, para un editor de libros incluirían la edición de manuscritos y mantener contacto con los autores. Imagínate que estás en una fiesta y alguien te pregunta en qué consiste tu trabajo. ¿Qué le dirías? Bien, en esa respuesta están tus responsabilidades básicas.

- *Crecimiento personal:* son las tareas de tu trabajo que consideras valiosas, significativas y satisfactorias, pero que no siempre forman parte de tus responsabilidades diarias. Por ejemplo, un gran proyecto que has asumido o una competencia que te gustaría adquirir. Si el mundo fuera perfecto, la mayoría de la gente elegiría invertir mucho más tiempo, concentración y energía en esas actividades, porque son las que más contribuyen a su carrera y a su desarrollo personal.

  Si crees que tu trayectoria profesional está estancada o no progresa tan rápido como te gustaría, esta es una de las mejores categorías para llevar a cabo un plan de seguimiento.

- *Relaciones laborales:* ¿tienes algún trabajador a tu cargo? ¿Debes colaborar con algunos de tus colegas? ¿Lideras o coordinas un equipo? Si estás en alguno de los tres casos, aquí apuntarás el tiempo que dedicas a esas tareas.

  Si consideras que el tiempo empleado en tus relaciones laborales es excesivo, puedes dividir esta actividad en subcategorías, como la relación con tus superiores (*managing up*), con tus compañeros (*managing across*) y con el personal a tu cargo (*managing down*).

- *Tareas administrativas:* son las que debes hacer para, a su vez, cumplir tus responsabilidades básicas; por ejemplo, redactar correos electrónicos, establecer horarios o elaborar informes de gastos o facturas.

- *Crisis o problemas puntuales:* se refiere a interrupciones, asuntos urgentes o reuniones inesperadas. Los asuntos de última hora que deben ser tratados de inmediato pueden hacer fracasar los mejores planes de gestión del tiempo. Por eso es básico hacer un seguimiento de este tipo de situaciones. Aunque, lógicamente, nunca serás capaz de anticiparlas, si consigues identificar algunos patrones podrás planificar una estrategia adecuada para afrontarlas.

- *Tiempo libre:* quizá pienses que esta actividad no forma parte de tu trabajo, pero todo el mundo necesita tomarse un descanso: un almuerzo, un paseo, una pausa para el café, una charla con un compañero, un correo electrónico personal... En pequeñas dosis, estos respiros despejan la mente e incluso incrementan la productividad y la colaboración; pero ten cuidado de que no se alarguen demasiado.

A medida que clasifiques tus tareas, piensa bien cómo es para ti un día normal de trabajo. Al hacerlo tal vez quieras sustituir alguna de las actividades descritas por otras más específicas para tu labor.

Controla tu tiempo

Una vez que hayas clasificado tus tareas en categorías, puedes crear una herramienta para hacer un seguimiento del tiempo. Si sueles usar papel y lápiz, el método que describimos a continuación será el ideal para ti; pero si te gusta trabajar en digital, existen muchos programas y aplicaciones que simplifican el proceso porque hacen los cálculos y la mayor parte del trabajo por ti. De cualquier manera, los principios en ambas opciones son los mismos y es fundamental entender cómo funcionan.

Tanto si pretendes hacer seguimiento de una sola actividad como de muchas a la vez, es básico ser lo más estricto y aplicado posible. En primer lugar, anota todas las horas, puesto que para empezar con buen pie necesitas datos precisos y detallados. Es cierto que tal grado de meticulosidad puede ser agotador; nadie quiere renunciar a parte de su preciado tiempo para recordarse lo ocupado que está. Pero te aseguramos que los resultados de este seguimiento serán mucho más fiables si pones todo tu empeño; así tendrás más posibilidades de solucionar tus problemas.

El método funciona como sigue:

1. El primer día de la semana laboral, crea una tabla como la 1, con los días de la semana en las filas y las actividades en las columnas.

2. Cuando termines una tarea, apunta el tiempo que invertiste en ella. Por ejemplo, si el martes por la mañana pasas una hora respondiendo correos electrónicos, anótalo en la columna de tareas administrativas.

3. Al final del día, resérvate entre cinco y diez minutos para hacer un recuento del tiempo total dedicado a cada tarea. Haz lo mismo al final de la semana.

4. El siguiente paso consiste en calcular el porcentaje de tiempo invertido en cada actividad durante la semana.

Cómo gestionar tu tiempo

TABLA 1

Plan de seguimiento

Semana laboral 4/14	Responsabilidades básicas	Crecimiento personal	Relaciones laborales	Crisis o problemas puntuales	Tiempo libre	Tareas administrativas	Tiempo total diario
Lunes	2	1	3	0	0	2	8
Martes	3	1	4	0	0	2	10
Miércoles	7	0	0	1	0	2	10
Jueves	0	3	3	0	0	2	8
Viernes	1	2	0	1	3	2	9
Horas totales por actividad	13	7	10	2	3	10	45
Porcentaje de tiempo total	29%	16%	22%	4%	7%	22%	100%

5. Finalmente, presenta los resultados en un gráfico como el de la Figura 1 (es muy sencillo generar gráficos de este tipo con las herramientas de Excel). Así podrás comprobar, de un vistazo, qué actividades ocupan la mayor parte de tu tiempo.

FIGURA 1

Gráfico de seguimiento temporal

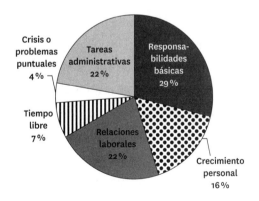

Analiza los resultados

Durante el proceso, presta atención a los patrones y hábitos que detectes: identificarlos es justo el propósito de este ejercicio. Seguro que tus resultados no se ajustarán de forma exacta a los objetivos que te marcaste antes de empezar. Quizá te des cuenta de que dedicas mucho más tiempo del debido a tareas administrativas, que desperdicias bastante con tus colegas o que no estás invirtiendo tanto como querrías en la nueva estrategia de negocio que debes desarrollar. O tal vez pensaras que dedicas demasiado tiempo a una actividad y descubras que no es así; o al contrario: te arrepientes del tiempo que pasas en una tarea determinada, pero con el plan de seguimiento te das cuenta de que no es tanto comparado con el que inviertes en otras. También es posible que te sorprendas del tiempo que empleas en tareas ajenas a tu trabajo.

Además, puede que detectes patrones o hábitos que habías pasado por alto. Por ejemplo, que después de una reunión sueles descansar media hora, que a menudo tus conversaciones se alargan demasiado o que tu productividad tiende a disminuir a eso de las tres de la tarde.

En definitiva, identificar los patrones más y menos marcados te ayudará a abordar los cambios necesarios para organizar tu tiempo de forma correcta.

Luego, si posees flexibilidad suficiente, los datos obtenidos te ayudarán a buscar las soluciones más adecuadas y creativas para disponer mejor de tu tiempo. Pero, incluso si no gozas de ese grado de control sobre tu agenda, dicha información puede serte de gran ayuda, por ejemplo, para preparar una reunión con tu responsable en la que le plantees estructurar tu tiempo de una forma más eficaz. Los datos siempre son valiosos: si puedes demostrar que inviertes diez horas a la semana en una tarea que no es prioritaria desde el punto de vista estratégico, es más probable que te permitan modificar tus responsabilidades.

En definitiva, descubrir los factores que afectan a tu trabajo te permitirá saber qué tareas son prioritarias y en qué parcelas puedes mejorar tu rendimiento. No obstante, una vez hecho esto, necesitarás un plan para ponerlo en práctica.

Elabora un plan

Elabora un plan

En el siguiente paso, la planificación, utilizarás lo que has aprendido del seguimiento y elaborarás el plan más adecuado para aprovechar tu tiempo de forma efectiva.

Recupera el control de tu tiempo

Ahora ya eres consciente del tipo de tareas que te ocupan más o menos tiempo, así como de sus efectos en el logro de tus objetivos. El siguiente paso es encontrar la manera de destinar más tiempo a las actividades más relevantes.

Por ejemplo, imagina que tu objetivo principal es mejorar tus relaciones laborales, pero el plan de seguimiento ha revelado que solo empleas una hora a la semana en este aspecto; es obvio que para alcanzar tu propósito deberías invertir más tiempo, energía y recursos en ello. Pero eso... ¿cuántas horas más supone? ¿Dos? ¿Cinco?

Para empezar, piensa en el tipo de tareas necesarias para alcanzar tu objetivo. Si uno de tus propósitos es interactuar más a menudo con los ocho miembros de tu equipo, puedes, por ejemplo, programar reuniones semanales de media hora con cada uno; es decir, dedicarles en total cuatro horas a la semana. Otra medida puede ser organizar algún tipo de actividad lúdica grupal, lo que supondrá otra media hora por semana.

A continuación, piensa de dónde puedes sacar esas tres horas y media de más que necesitas. Quizá no tengas tanto tiempo libre disponible, así que tendrás que quitarlo de otras actividades; esto no es tarea fácil, pero es importante hacer el esfuerzo. Aunque tu objetivo prioritario sea destinar más tiempo a actividades relevantes, tampoco es conveniente que renuncies a otras menos importantes y no relacionadas con tu objetivo. Una buena opción puede ser liberar algo de tiempo eliminando malos hábitos o limitando momentos improductivos que hayas detectado gracias al plan de seguimiento —por ejemplo, esa media hora que sueles descansar después de las reuniones—. Sin embargo, algunas decisiones serán más difíciles y te obligarán a repensar tus metas si no eres capaz de *encontrar* suficiente tiempo.

Te supondrá algo de trabajo extra averiguarlo, pero asume ese esfuerzo e intenta que tu proyección sea lo más realista posible; harás un cálculo más ajustado a la realidad si prestas atención al resto de tus actividades, aspecto que trataremos a continuación.

Visualiza el panorama general

El siguiente paso consiste en aplicar este proceso de reorganización del tiempo a tus demás actividades. En algunos casos, ello supondrá priorizar ciertas tareas y fijar objetivos intermedios. Quizá esto te parezca exagerado, sobre todo si redistribuir tiempo de la actividad principal no te ha implicado ningún esfuerzo; pero vale la pena, porque lo normal es que tu actividad principal no sea la única que necesitas atender.

Así es como se hace:

- *Prioriza.* En primer lugar, ordena por prioridad (no por la cantidad de tiempo que inviertes en ellas) las actividades de tu plan de seguimiento y anótalas en la columna de la izquierda: la más relevante arriba y la que menos abajo, como se muestra en la Tabla 2.

- *Reorganiza el tiempo de cada actividad.* Es decir, determina cuánto puedes emplear en cada una, igual que has hecho con las prioridades. Empieza por la actividad de arriba y ve asignando periodos a cada una, teniendo en cuenta que no dispones de un tiempo ilimitado: si añades horas a una actividad, tendrás que quitarlas de otras. Si no cuentas con mucho margen solo podrás hacer pequeños ajustes en tu horario, pero aun así será de gran ayuda.

TABLA 2

Panorama general

Actividad	Objetivos	Porcentaje de tiempo necesario	Horas a la semana	Tareas clave
Relaciones laborales	• Desempeñar un papel más activo en el crecimiento y desarrollo de mi equipo. • Mejorar la relación con mi responsable.	25%	10	• Reunirme con regularidad con el personal a mi cargo. • Reunirme con mi responsable cada dos semanas. • Organizar actividades para mi equipo.
Crecimiento personal	• Ampliar mis conocimientos en economía.	23%	9	• Apuntarme a un curso de economía online.
Responsabilidades básicas	• Cumplir con los objetivos personales y empresariales de este año fiscal.	32%	13	• Mejorar la relación con mis clientes. • Desarrollar un nuevo plan estratégico para mi unidad de negocio.
Tareas administrativas	• Ser más eficaz con los correos electrónicos.	13%	5	• Dedicar una hora diaria a gestionar correos electrónicos no urgentes ni importantes.
Crisis o problemas puntuales	• Aprender a priorizar y organizarme mejor.	5%	2	• Elaborar un plan para priorizar las interrupciones, basado en su relevancia y urgencia. • Delegar los problemas menos importantes en otras personas.
Tiempo libre	• Tomarme descansos durante el día.	3%	1	• Dar tres paseos diarios.
	Total:	100%	40	

Es posible que no tengas éxito a la primera con este proceso y que debas rehacerlo unas cuantas veces. Por ejemplo, al revisar tu lista quizá te des cuenta de que necesitas más tiempo para algunas actividades que no habías previsto; en ese caso, redúcelo de otras para compensar la diferencia. Con suerte, descubrirás alguna tarea a la que puedes dedicar menos tiempo y sacarlo de ahí para reforzar las prioritarias.

Recuerda, no obstante, que las actividades principales solo pueden ocupar una pequeña parte de tu agenda. No hay problema, porque tu objetivo no es invertir mucho tiempo en ellas, solo el suficiente para cumplir los objetivos que te hayas marcado.

Por último, no olvides reservarte algo de tiempo libre en ese nuevo horario, para problemas o situaciones inesperados; por ejemplo, si un día quieres comer con un compañero que está de paso por la ciudad.

- *Fija objetivos intermedios.* Una vez reasignado tu tiempo, te será de gran ayuda establecer metas intermedias en cada actividad. ¿Cuáles son tus objetivos mensuales, trimestrales o anuales? Asegúrate de que tales metas coincidan con las que tu responsable tiene en mente para ti, igual que cuando consideraste tus objetivos generales al principio del proceso.

  Como es lógico, reserva los objetivos más ambiciosos para las actividades de mayor relevancia, porque a ellas dedicarás la mayor parte de tu tiempo, concentración y energía. Pero también es útil marcar objetivos para las demás actividades, ya que hacerlo te mantendrá en foco y con la suficiente motivación para llevarlas a cabo.

- *Identifica las tareas clave.* Apunta en la siguiente columna lo que debes hacer para cumplir esos objetivos. Y es que, si sabes qué pasos dar, será más probable que lo hagas, porque no habrá lugar para la duda: o cumples tus objetivos, o no, no hay trampa posible.

La Tabla 2 es una imagen general de lo que debería ser tu nuevo horario. Es probable que las actividades, la asignación de tiempos, los objetivos y las tareas clave sean diferentes de las que se muestran aquí, pero si sigues los pasos descritos no tendrás problema para trazar un plan individualizado, realista y asequible.

Comprueba la viabilidad de tu plan

Tal vez tus nuevos objetivos y la reorganización de tu agenda parezcan razonables sobre el papel, pero al ponerlos en práctica te des cuenta de que no son realistas. A lo mejor no has acertado con el tiempo asignado a una tarea en particular o con el necesario para cambiar de actividad. Puede que hayas olvidado algo que no haces con frecuencia, como la elaboración de un informe trimestral o las evaluaciones de rendimiento. Para evitar estos problemas, en el siguiente capítulo te mostramos cómo poner en práctica tu plan. Aun así, es básico que revises con frecuencia tus avances y continúes con el seguimiento de tus actividades durante una o dos semanas más.

Y es que, dependiendo de los datos que recopiles, quizá tengas que reajustar tu plan, tus objetivos o ambas cosas. Pero no te preocupes, es lo habitual. Revisa las últimas actividades de la lista e intenta reducir la exigencia de tus objetivos.

Recuerda que no puedes llegar a todo, así que no te desanimes. El objetivo de gestionar mejor el tiempo no es trabajar más, sino hacer tu trabajo a un ritmo constante y adecuado. Cuanto más realista, razonable y asequible sea ese plan, más éxito tendrás administrando tu tiempo.

Ejecuta tu plan: Time Boxing o «caja de tiempo»

Ejecuta tu plan:
Time Boxing o «caja de tiempo»

Hasta ahora has hecho un seguimiento y has elaborado un plan detallado para gestionar tu tiempo de forma más eficaz. El siguiente paso es poner en práctica ese plan y respetarlo; para lograrlo usarás una estrategia llamada *Time Boxing*, que se puede traducir como «caja o bolsa de tiempo».

Ejecutar el plan es, con diferencia, la parte más difícil del proceso. Por muy bien elaborado que esté, si en el día a día tienes que hacer malabares para asumir todas tus tareas, objetivos y responsabilidades, incluyendo reuniones y plazos de entrega, no será fácil respetarlo. Pero afrontándolo de una manera disciplinada, estricta y organizada es posible mantenerte en el buen camino.

Time Boxing

La *Time Boxing* es una estrategia de planificación basada en la combinación de un horario y una lista de tareas pendientes. Consiste en dividir tu horario en una serie de breves períodos de tiempo (por ejemplo, media hora, una hora o dos) y luego asignar tareas a cada período. Sería algo parecido a programar una reunión contigo mismo: estableces el asunto a tratar, fijas la hora y llegas a punto para trabajar.

Uno de los beneficios de la *Time Boxing* —además de forzarte a ser más realista sobre qué cantidad de trabajo puedes hacer, cuándo puedes hacerlo y garantizar que dispones del tiempo suficiente— es que te permite agrupar tareas similares para mejorar tu rendimiento. Por ejemplo, supón que tienes que hacer la compra: si en tu lista hay 25 productos (carne, leche, verduras, cereales, queso, yogur, arroz, café, etc.) no darás mil vueltas por el supermercado pasando varias veces por los mismos pasillos para respetar el orden de la lista; más bien agruparás los productos parecidos y tomarás dos o tres en cada pasillo.

Sin embargo, cuando la gente afronta sus tareas pendientes en el ámbito laboral, se suele parecer más a ese cliente que recorre el supermercado de arriba abajo sin orden ni concierto. Es decir, no siempre se hacen las cosas de forma racional, con un plan, sino que se toma el primer elemento de una lista elaborada de forma arbitraria, es decir, sin pensar cuál sería la secuencia más lógica y eficiente según el valor, la importancia o la prioridad de cada tarea. La *Time Boxing* evita ese tipo de arbitrariedades y, en su lugar, ofrece las siguientes ventajas:

- *Te obliga a rendir cuentas.* Programar con antelación cuándo vas a abordar una tarea y el tiempo que le dedicarás te garantiza que invertirás el tiempo y el esfuerzo adecuados para tus actividades principales. Si te comprometes con un horario es más probable que lo respetes.

- *Incrementa el rendimiento.* Agrupar tareas similares te facilitará llevarlas a cabo en menos tiempo, porque no tendrás que hacer cambios entre ellas en tu forma de trabajar.

- *Te hace consciente del tiempo.* Aumentará tu productividad y tu nivel de concentración. Así, será menos probable que te dejes llevar por las interrupciones o que pierdas el tiempo charlando con alguien.

- *Genera estímulos saludables.* Si has planificado un período de tiempo determinado para hacer algo, es más probable que lo respetes y cumplas tus objetivos. En cambio, si tu único estímulo es una fecha de entrega no obtendrás el mismo resultado.

- *Aumenta la concentración.* Si tu nivel de concentración o de energía disminuye, es probable que el trabajo que deberías hacer en una hora al final requiera dos o tres. En cambio, fijar un límite de tiempo favorece que mantengas tu atención en la tarea.

- *Potencia la eficacia.* ¿Dedicas mucho tiempo a revisar cada correo electrónico que escribes o a repasar mil veces tu trabajo antes de entregarlo? No hay nada malo en intentar hacer algo bien, pero no siempre lo que ya está bien hecho necesita mejorarse. Por tanto, si marcas un máximo de tiempo para cada tarea reducirás la necesidad de dedicarte a detalles intrascendentes y te podrás centrar en obtener una visión de conjunto.

Por supuesto, puedes adaptar la *Time Boxing* a tus necesidades y preferencias. Por ejemplo, si en tu trabajo intervienen muchas variables —es decir, asumes numerosas responsabilidades, plazos o proyectos— quizá prefieras planificar cada aspecto por separado. En cambio, si tu horario es relativamente estable, puedes usarlo en actividades específicas, como con el fin de reservar un cierto tiempo para las tareas administrativas.

Configura tu *Time Boxing*

A continuación, te mostramos cómo configurar tu *Time Boxing* (en la Tabla 3 tienes un ejemplo).

1. *Analiza la semana.* Un día cualquiera —el viernes por la tarde o el lunes por la mañana son buenos momentos— contempla la semana que

tienes por delante (en cuanto a plazos, compromisos, reuniones, tareas, etc.) y elabora una lista con todo lo que debes hacer.

2. *Establece prioridades.* Anota en primer lugar las tareas sujetas a algún plazo; después, las que tienen un objetivo claro; y, por último, las más rutinarias y de menor relevancia. Este paso es el principal, así que préstale toda la atención posible. En el siguiente apartado trataremos esta cuestión con más detalle.

3. *Calcula el tiempo necesario para cada tarea.* Es decir, cuánto crees que te llevará terminarla. Si es la primera vez que usas este método, hazlo con cautela; es mejor que te sobre tiempo que quedarte a medias. Ah, no olvides incluir algo de tiempo libre en tus cálculos.

4. *Incorpora las Time Boxes a tu horario.* Crea una serie de *Time Boxes* (es decir, periodos de tiempo definidos) y distribúyelos por tu agenda. Puedes introducirlos en un programa como Outlook o

TABLA 3

Time Boxing

Introduce los datos de este ejemplo en el calendario o programa que uses.

HORARIO PARA LUNES Y JUEVES POR LA MAÑANA

Hora	Lunes	Jueves
8:00 a.m.	**Tarea:** plan estratégico de investigación. **Tiempo invertido:**	**Tarea:** plan estratégico de investigación. Llamar a Joe. **Tiempo invertido:**
9:00 a.m.	**Tarea:** reunión con el equipo. **Tiempo invertido:**	**Tarea:** informarme de las novedades. **Tiempo invertido:**
10:00 a.m.	**Tarea:** plan para organizar las tareas. **Tiempo invertido:**	**Tarea:** reunión con Joe para hablar de sus ventas. **Tarea:** revisar los currículos para el puesto de auxiliar administrativo. **Tiempo invertido:**
11:00 a.m.	**Tarea:** responder correos electrónicos y llamadas telefónicas. **Tiempo invertido:**	**Tarea:** trabajar con Jane. **Tiempo invertido:**

Google Calendar, o bien hacer un primer borrador en papel. En cualquier caso, el mejor sitio para apuntarlo es donde suelas registrar tus tareas, citas o reuniones; así podrás prestarles la misma atención que a estas.

5. *Revisa tus estimaciones.* Lleva un registro de las tareas que has terminado a tiempo y las que no. Esto te ayudará a mejorar tus estimaciones futuras.

Cómo priorizar tus tareas

Cuando se establece un horario, una de las preguntas típicas es qué tareas se han de hacer en primer, segundo o tercer lugar. La mayoría de la gente no le da mucha importancia a esta cuestión y por eso acaba cometiendo errores como abordar determinadas cosas en el momento inadecuado. Esto se debe a que dedican mucho más tiempo del debido a actividades no prioritarias.

Por ejemplo, seguro que a veces primas una tarea porque es más fácil o porque completarla te proporciona una gratificación mayor, a pesar de su escasa importancia; o bien te dedicas en exclusiva a los proyectos de mayor envergadura y dejas que las tareas rutinarias se acumulen peligrosamente. Pero esto no significa que lo hagas a propósito: cualquier persona afronta cada día cientos (si no miles) de decisiones y es muy complicado respetar siempre los objetivos marcados.

Incluso, a pesar de poner todo tu empeño, te puede resultar difícil saber qué tarea debes hacer en cada momento. ¿Te centras en esa que es menor, pero cuyo plazo se te echa encima? ¿O en ese otro proyecto tan importante, pero con una fecha de entrega más lejana? ¿Es tan perjudicial recoger los frutos que tienes al alcance de la mano?

No te preocupes: crear un sistema para priorizar tus tareas simplificará esta toma de decisiones y podrás elegir la mejor opción basándote en argumentos más sólidos.

El mejor método es la Matriz del Tiempo creada por el experto en productividad Stephen Covey. Cuando evalúes un elemento de tu lista de tareas pendientes o una que acaban de asignarte, decide si es urgente (es decir, si debe acabarse pronto) o no, y si es importante (si completarla o dejarla a medias tendrá consecuencias) o no. Luego, sigue el patrón que te presentamos a continuación:

1. *Tareas urgentes e importantes.* En este cuadrante se incluyen los imprevistos, las responsabilidades y los plazos de entrega con los que hay que lidiar a lo largo de la semana. Por ejemplo, supón que surge un problema con un producto del que eres responsable, un sitio web que administras o las relaciones con un importante cliente. Este tipo de tareas siempre deben ser tu máxima prioridad.

2. *Tareas no urgentes, pero importantes.* Contempla las tareas que tienen grandes consecuencias para ti o tu empresa, pero que no requieren atención inmediata; eso sí, debes cumplirlas como parte de tus objetivos a largo plazo. Se trataría, por ejemplo, de aprender nuevas competencias o sacar adelante un proyecto de envergadura. Como en principio no son urgentes, no se les suele dedicar mucho tiempo, por lo que es fundamental que las sitúes en el segundo puesto de tus prioridades.

3. *Tareas urgentes, pero de poca importancia.* Han de llevarse a cabo con celeridad, pero habrá muy pocas consecuencias si no las terminas en plazo. Por cierto, cuando consideres que una tarea no es importante para ti, ten en cuenta si tampoco lo es para tu empresa. Estas son las tareas que situarás en tercer lugar de la jerarquía.

4. *Tareas no urgentes y de poca importancia.* El nombre de este cuadrante lo dice todo: se trata de las cuestiones que no necesitan tu atención inmediata, es decir, tu última prioridad. Un ejemplo de ello pueden ser ciertos correos electrónicos de carácter administrativo.

Te aseguramos que si usas este método tendrás más probabilidades de hacer el trabajo en los momentos adecuados.

Ahora bien, el proceso de *Time Boxing* es iterativo y no siempre perfecto. En alguna ocasión, tus estimaciones serán erróneas o tu horario cambiará de forma más rápida y drástica de lo que te gustaría. Pero si le pones empeño y respetas al máximo tanto el tiempo asignado a cada tarea como las prioridades marcadas, tu calendario de trabajo será mucho más factible y tendrás más probabilidades de culminar a tiempo las tareas urgentes e importantes.

No pierdas el rumbo

No pierdas el rumbo

La organización es la base para una buena gestión del tiempo. Una vez fijados los objetivos y las prioridades y elaborado un plan, es mucho más fácil seguir el rumbo elegido. Pero, como supondrás, pese al tiempo dedicado a la planificación, no todo será siempre un camino de rosas. Da igual que seas una persona muy disciplinada: de vez en cuando surgirán problemas u obstáculos, o caerás en algún mal hábito.

Las dificultades más comunes suelen ser los plazos ajustados, la tendencia a posponer tareas y las interrupciones (como correos electrónicos y reuniones imprevistas). Pero si gestionas bien estos obstáculos ten la seguridad de que no perderás el rumbo.

Gestiona los plazos de entrega

Los plazos de un gran proyecto pueden ser muy exigentes, sobre todo considerando el resto de tareas que suele haber en paralelo. Porque ¿quién trabaja en un solo proyecto, de forma exclusiva? De modo que, si no gestionas esos plazos de forma adecuada, el resto de tu horario, de tus proyectos y de tus compañeros sufrirán las consecuencias.

En caso de que no consigas el tiempo suficiente para terminar un proyecto y la fecha de entrega se cierna sobre ti, tendrás que dejar de lado las demás tareas, sin importar su urgencia o prioridad; porque esa, te guste o no, es ahora tu labor más importante y urgente (y, por ende, lo es para quienes dependen de ti). Y aún podría ser peor: si surge un cambio de última hora u otra tarea no programada, quizá tampoco puedas cumplir con esos plazos.

Aun así, no desesperes: ten por seguro que cuanto más tiempo inviertas en la gestión de los plazos de entrega, más fiable y eficaz serás en tu trabajo.

A continuación, te presentamos algunas estrategias para gestionar los plazos de entrega.

Planifica antes de empezar

¿Te resulta familiar el siguiente escenario?: te asignan un proyecto, haces una estimación rápida de cuánto tiempo necesitarás para terminarlo... y ya nunca vuelves a repasar tus cálculos. Pero, una vez que empiezas a trabajar, la realidad se planta ante tu puerta: eres incapaz de cumplir los plazos; lo que pensabas que tendrías hecho en unos días de repente requiere una semana o dos más de trabajo.

Sin embargo, es fácil evitar esta situación si sigues un plan de forma disciplinada. Cuando te marquen un plazo de entrega, lo primero que debes hacer es calcular de manera realista cuánto tiempo necesitarás para ese trabajo. Piensa cómo lo harás: ¿vas a fragmentarlo? ¿Debes seguir unos pasos determinados? ¿La tarea depende de algún tercero, es decir, de la labor de otras personas? Una vez que delimites lo que hay que hacer y hayas estimado el tiempo necesario para ello, organiza hacia atrás el trabajo desde la fecha límite de entrega y fija plazos más pequeños durante todo el proceso; estructúralo de forma que dispongas del tiempo suficiente para hacer las cosas a un ritmo tranquilo y asequible.

Quizá te parezca excesivo emplear este método en las tareas pequeñas, pero incluso con ellas te ayudará a ser más realista acerca del plazo necesario para alcanzar tus objetivos. Así pues, sea cual sea el carácter del proyecto, no olvides seguir estos pasos.

Fragmenta y organiza el trabajo de mayor a menor relevancia

Siempre que puedas, divide y estructura los proyectos para que cada tarea sea más corta y fácil que la anterior; es decir, empieza con las cuestiones más difíciles y urgentes, y acaba con las de menor importancia.

Establecer una secuencia te permitirá completar en primer lugar las partes más difíciles y que más tiempo consumen. Esto, además, ayuda a mantener la motivación durante todo el proceso: cuando hayas acabado las primeras tareas... ¡el resto será mucho más fácil! Y así no abandonarás el proyecto en su recta final, porque lo más duro ya habrá pasado.

Por otro lado, secuenciar un proyecto te facilita llevar un seguimiento de los avances para garantizar el cumplimiento de los plazos. Por ejemplo, imagina que estás a mitad de un proyecto de seis semanas de duración y has hecho la mitad de las tareas previstas. Como situaste las más complicadas y que requerían más tiempo al principio, puedes tener la tranquilidad de que cumplirás los plazos, porque lo que te queda por hacer, la segunda mitad, es menos exigente.

Además, si detectas un retraso respecto al plan, siempre podrás ajustar las estimaciones y asignar más tiempo al proyecto a partir de este momento. En otras palabras, cuanto antes descubras que tu ritmo de trabajo no es suficiente para acabar en plazo, más probabilidades tendrás de rectificar.

No dejes trabajo para más adelante

Todo el mundo deja cosas que hacer para el día siguiente; sobre todo, las que más cuesta afrontar.

Pero postergar tareas (también llamado «procrastinar») no siempre es un error: si se trata de algo que no es importante ni urgente, al fin y al cabo debería figurar al final de la lista de tareas pendientes. No obstante, cuando tienes las siguientes tres opciones: (a) hacer el trabajo principal, (b) hacer el trabajo menos relevante, o (c) no hacer nada en absoluto, y eliges una y otra vez la (b) o la (c), postergar el trabajo, es decir, dejarlo para otro día, entonces sí que puedes tener un problema.

Una forma de solventarlo es averiguar por qué estás evitando esa tarea en concreto. Lo habitual es que este hecho responda a una de las siguientes razones: no la quieres hacer; sabes que no la haces bien; o no te motiva en absoluto. Por eso, siempre que sientas el impulso de aplazar una tarea, pregúntate si la culpa es de una de esas tres razones.

Una vez hecho el diagnóstico, aplica uno de los remedios que te presentamos a continuación:

- *Fija plazos,* porque incrementan tu responsabilidad y funcionan muy bien cuando los proyectos son grandes y exigentes: solo tienes que dividirlo en tareas más pequeñas y establecer una fecha límite para cada una. Es lógico: cada fragmento será más fácil de abordar y sabrás perfectamente cuándo debes terminarlo. De esta forma, es menos probable que lo pospongas.

- *Empieza por las tareas más fáciles.* Cuando no quieres abordar una tarea —en especial, si implica mucho esfuerzo— la desesperación puede afectarte de tal modo que acabes dejándola siempre «para mañana». Sin embargo, la mayoría de las veces esta desesperación se esfuma cuando te pones a trabajar. El secreto estriba en empezar por las tareas más fáciles. Por ejemplo, si tienes que hacer una presentación (preparar el contenido, hablar en público, etc.), no te obsesiones con abordarlo todo de una vez; empieza investigando un poco sobre el tema, toma apuntes o haz una lluvia de ideas con tu equipo. Es decir, tómatelo como una especie de calentamiento; una vez que te sientas a gusto con el tema, tendrás la suficiente energía y motivación para afrontar el resto del trabajo.

- *Pide ayuda.* Si tienes dificultades con alguna tarea, en lugar de dejarla para más adelante solicita la ayuda de algún colega. Esto puede ser una obviedad, pero te sorprendería saber que se trata de un recurso infrautilizado. Lo habitual es que cuando te atascas en alguna tarea prefieras dejarla de lado, porque crees (de forma errónea) que más tarde te resultará más fácil. Pero si en ese momento alguno de tus compañeros puede darte una respuesta rápida, indicarte la dirección correcta o, simplemente, escucharte, con seguridad sacarás adelante el trabajo, habrás aprendido algo nuevo y, además, habrás reforzado la relación con tu colega.

- *Tómatelo como un juego.* Es muy frecuente procrastinar cuando la tarea pendiente no te genera ningún tipo de satisfacción o estímulo; es el caso, por ejemplo, de actividades mecánicas como archivar o elaborar informes de gastos, que no consiguen precisamente realizarte como profesional. Así que tómatelas como un juego: agrupa una parte de esas tareas menores, programa 15 o 20 minutos en un temporizador y ponte a trabajar. Si las tareas en cuestión requieren más esfuerzo y atención, y el límite de tiempo no es adecuado, siempre puedes tomártelo como un reto.

Evita las interrupciones

No todas las interrupciones —que pueden ir desde un correo electrónico sin importancia hasta una gran crisis— son iguales, pero a veces las tratamos como si así fuera: la prisa no nos permite un respiro y respondemos de inmediato a cualquier imprevisto sin evaluar su relevancia o urgencia.

Por tanto, es conveniente que fijes algunas reglas para garantizar que, si te sales de foco, puedas retomar el control y concentrarte en lo que de verdad importa. A continuación, presentamos algunas de ellas:

- Si el problema es urgente e importante, ocúpate de él lo antes posible: deja las tareas que tenías programadas, porque (como señalamos en el capítulo anterior) las que son al mismo tiempo importantes y urgentes requieren la máxima prioridad.

- Si el problema no requiere atención inmediata y vas a necesitar más de unos minutos para solventarlo, asígnalo a una *Time Box* que hayas programado para tareas de menor urgencia.

- Si ninguna de las opciones anteriores es factible, remite el problema a un colega que pueda gestionarlo tan bien como tú o incluso mejor.

Correos electrónicos

En el fondo, todo el mundo tiene una relación de amor/ odio con el correo electrónico. Es una forma eficaz de comunicación, sí, pero puede llegar a robarte mucho tiempo, sobre todo si abres y respondes todos los mensajes en cuanto llegan.

Sabrás que es imposible hacerte cargo de todo el flujo de correos que recibes. No obstante, si tu trabajo se basa en la relación con clientes o consumidores, es cierto que debes prestar una atención constante a tu bandeja de entrada. Pero antes de asumir esta premisa piensa bien si la naturaleza de tu trabajo exige dicha atención *durante todo el día*. Si no es el caso, entonces no hay razón para que abandones tus tareas cada vez que recibes un correo, sobre todo si estás en mitad de otra actividad. Sí, quien más, quien menos, todos queremos ser responsables y atentos, pero es imposible estar alerta todo el día, porque es perjudicial para la concentración.

Por otro lado, a ciertas personas los correos electrónicos les sirven de excusa para no atender otras tareas más complicadas y se convierten con facilidad en un agujero negro consumidor de tiempo. Si a ti te ocurre demasiado (y es más habitual de lo que la gente cree) acabarás desperdiciando tu valioso tiempo.

Cuando te des cuenta de ello, intenta dedicar breves periodos cada día a revisar el correo: puede ser a primera hora de la mañana, un ratito cada hora, antes o después de comer o al final de tu jornada laboral.

Y recuerda que tu objetivo es dedicar la mayor cantidad de atención, energía y tiempo a las tareas más importantes; si limitas los momentos de distracción con el correo electrónico, podrás trabajar más tiempo sin interrupciones.

Reuniones

Las reuniones, en especial si ostentas un cargo de responsabilidad, pueden ocupar una gran parte de tu jornada. Pero, claro, si te pasas el día yendo de una reunión a otra, es difícil que puedas hacer un buen trabajo.

Las reuniones tienen muchas utilidades: mantienen informado al personal, proporcionan puntos de vista críticos y fomentan la interacción social. Pero no todas cumplen esos objetivos, algunas son superfluas e inútiles; esas son las que deben preocuparte.

Tanto si eres tú quien organiza la reunión como si simplemente asistes a ella, asegúrate de que el tiempo que vas a invertir en esa actividad resulte más provechoso que lo que podrías estar haciendo en su lugar.

Así, si convocas una reunión:

- Estas no siempre pueden durar una hora, a veces los asuntos a tratar requieren media hora o menos. Considera, pues, la posibilidad de celebrar reuniones de 20 o 50 minutos y así dedicar los diez minutos restantes (hasta la media hora o la hora) a tareas de seguimiento del trabajo.

- Si no hay ningún asunto pendiente, anula las reuniones que sean rutinarias.

- Si el único motivo de la reunión es compartir información con el equipo, tal vez un simple correo electrónico sea mejor opción. Reserva, pues, los encuentros para asuntos que requieran una respuesta directa de los miembros de tu equipo, o lo bastante relevantes como para que se transmita la información en persona.

Si asistes a una reunión convocada por otra persona:

- Pregúntate lo siguiente: si yo no pudiera asistir, ¿tendrían que reprogramar la reunión? Si la respuesta es no, ahórrate ese esfuerzo. No obstante, esta postura conlleva ciertos riesgos; por ejemplo, el resto del equipo podría tomar decisiones clave sin tener en cuenta tu opinión, o bien tu responsable podría darse cuenta de tu ausencia y recriminártelo. Puedes mitigar algunos de estos riesgos si obtienes previamente la aprobación de tu jefe para no asistir y también procurando no desconectar de la marcha de los proyectos.

- Si te encuentras en una situación de auténtica saturación y necesitas un respiro, revisa las reuniones de tu agenda. ¿Alguna no tiene un orden del día claro? ¿Podrías ahorrarte otras o cambiarlas de fecha? Nunca des por sentado que todas las reuniones son inamovibles. En cualquier caso, si dejas de asistir a alguna, asegúrate de que tu participación no es determinante; y también, por simple educación, comunica tu ausencia con antelación y mantente en contacto con el equipo para saber si necesitas ponerte al día en algún tema.

Está claro que una reunión no es algo fácil de gestionar, porque no depende en exclusiva de ti. Por ejemplo, a no ser que la organices tú, no puedes decidir cuestiones como su duración o los temas que se van a tratar en ella. Pero recuerda que siempre tienes cierto margen de elección. Y también que tu valor para la empresa depende de la calidad de tu trabajo, no del número de reuniones a las que asistas. De hecho, ser más selectivo con las reuniones reflejará tu habilidad para gestionar el tiempo de forma adecuada.

Piensa sobre la marcha

Los contratiempos y obstáculos están presentes en la vida laboral de cualquiera, no se pueden evitar por completo. Pero si les prestas atención cuando se presenten y preparas un plan de acción tomarás decisiones que te lleven a gestionar mejor tu tiempo y a ser capaz de volver al trabajo previsto con mayor celeridad.

Reevalúate

Reevalúate

Gestionar el tiempo de forma correcta es un proceso continuo, no sirve de nada hacerlo una sola vez. Así, aunque sigas todos los pasos de este libro —establecer un plan de seguimiento, elaborar una planificación detallada y eficaz, distribuir tus tareas en *Time Boxes* y evitar interrupciones— nunca dejes de evaluar una y otra vez tus progresos.

A medida que tus prioridades y horarios evolucionen, sé persistente y responsable para mantener el rumbo; estas dos cualidades marcan la diferencia entre los buenos gestores de su tiempo y el resto de la gente. Porque los primeros no solo elaboran un plan y lo respetan, sino que además son capaces de improvisar, aprenden de sus errores y aplican los ajustes necesarios en cada momento.

¿Sigues el rumbo que habías fijado?

Es fácil quedarse atrapado en el ajetreo cotidiano y perder de vista los objetivos. Por eso es básico ir paso a paso y asegurarte de que tus prioridades están alineadas con tus propósitos.

Y la mejor manera de hacerlo es mediante controles de seguimiento. Considéralo una especie de revisión médica. ¿Todo va bien? ¿Algo indica que deberías preocuparte? ¿Puedes mejorar ciertos aspectos?

La frecuencia de estas evaluaciones dependerá de cada situación. Si gestionas al mismo tiempo múltiples proyectos o plazos de entrega, tal vez necesites hacer una evaluación semanal, cada dos o tres días o incluso todos los días, al final de tu jornada laboral. Pero si respetas todos los puntos de tu lista de tareas, cumples los plazos, alcanzas tus metas y aún te queda tiempo para trabajar en los proyectos, las tareas y el desarrollo de las habilidades que más te interesan, quizá una revisión al mes sea más que suficiente.

Estas revisiones periódicas te permitirán detectar seña-
les de alerta e identificar las áreas de mejora antes de que
sea demasiado tarde. Incluso si estás cumpliendo a rajata-
bla tus objetivos, una evaluación de vez en cuando te dará
garantías de que tu plan funciona de manera adecuada.

Siempre que evalúes tus progresos, hazte las siguientes preguntas:

- ¿Estoy alerta y con suficiente concentración cada día?

- ¿Tengo la sensación de que no me falta tiempo
  para abordar todas mis tareas?

- ¿Estoy cumpliendo con todo lo que figura en mi
  agenda?

- ¿Progreso de manera adecuada?

- ¿Suelo tener un buen ritmo de trabajo?

- ¿Mis estimaciones de tiempo son más acertadas
  que antes?

- ¿Cumplo con los plazos de entrega?

- ¿Estoy alcanzando mis objetivos?

Estas preguntas son un punto de partida, un ejemplo, así que siéntete libre de añadir cuantas necesites. Por otro lado, si tienes algún punto débil, como procrastinar en exceso, es conveniente que evalúes también ese aspecto de forma específica.

Recuperar el rumbo

Las respuestas que obtengas en tus evaluaciones determinarán tu plan de actuación. Existen diferentes posibilidades:

- *Sigues el rumbo establecido.* Esta será la conclusión si has respondido de manera afirmativa a la mayoría de las preguntas. ¡Genial! Ahora solo mantente al día con tus tareas y ajusta los detalles.

  Y, aunque vayas por buen camino, apunta lo aprendido desde tu última evaluación. Por ejemplo, si has calculado mal el tiempo necesario para un proyecto, toma nota para no cometer el mismo error en el futuro. Como ya hemos dicho, la gestión del tiempo es un proceso de aprendizaje continuo; puedes cometer errores, y de hecho los cometerás, pero si aprendes de ellos tomarás mejores decisiones en lo sucesivo.

- *Has perdido el rumbo.* Si has respondido de forma negativa a la mayoría de las cuestiones anteriores, está claro que debes hacer ciertos ajustes. Algunos de ellos pueden resultar obvios: por ejemplo, si no estás cumpliendo los plazos, la solución quizá sea incrementar la estimación de tiempo. Pero es posible que algunos cambios requieran más esfuerzo, como en el caso de que tus tareas no estén alineadas con tus objetivos; entonces hará falta un auténtico examen de conciencia.

  Y un buen punto de partida es aquella imagen general que te hiciste sobre tus prioridades, objetivos y asignaciones de tiempo. ¿Tal vez has fijado metas demasiado ambiciosas? ¿Puede ser que hayas distribuido el tiempo de forma equivocada? ¿Son correctas tus prioridades?

Si calculaste mal o pasaste algo por alto, no te preocupes: ya hemos dicho que es un proceso complicado y con seguridad va a requerir ajustes cada cierto tiempo. Así que, cuando esto ocurra, márcate objetivos más realistas, distribuye mejor el tiempo o modifica tus prioridades, según sea necesario.

Si aun así no logras recuperar el rumbo, lo adecuado es plantear un nuevo seguimiento. Es posible que hayas pasado algo por alto la primera vez, que tu trabajo haya aumentado o que hayas adquirido malos hábitos.

En cualquier caso, tanto si mantienes el rumbo como si te desvías de él, lo fundamental es seguir aprendiendo. Con este fin, haz los cambios necesarios, esfuérzate por mejorar y, sobre todo, reevalúa el proceso en todo momento. Si te organizas, planificas, priorizas y rectificas cuando sea necesario, habrás aprendido a gestionar tu tiempo de manera adecuada.

Fuentes

Birkinshaw, Julian, & Cohen, Jordan. «Make Time for the Work
That Matters». *Harvard Business Review*, setiembre de 2013
(product #R1309K).

Bregman, Peter. «A Better Way to Manage Your To-Do List».
HBR Blog Network, 24 de febrero de 2011. http://blogs.hbr.
org/2011/02/a-better-way-to-manage-your-to/

Cardwell, Lynda. «Making the Most of "Slow Time"». *Harvard
Management Update*, setiembre de 2003. http://blogs.hbr.
org/2008/02/making-the-most-of-slow-time-1/

«Find Your Focus: Get Things Done the Smart Way». *HBR
OnPoint Magazine*, noviembre de 2013.

Harvard Business School Publishing. *Harvard Manage-Mentor*.
Boston: Harvard Business School Publishing, 2002.

Harvard Business School Publishing. *HBR Guide to Getting the
Right Work Done*. Boston: Harvard Business Review Press,
2012.

Harvard Business School Publishing. *Pocket Mentor: Managing
Time*. Boston: Harvard Business School Press, 2006.

Saunders, Elizabeth Greene. «Break Your Addiction to
Meetings». *HBR Blog Network*, febrero de 2013. http://blogs.
hbr.org/2013/02/break-your-addiction-to-meetin/

Para saber más

Investigaciones recientes

Birkinshaw, Julian, y Jordan Cohan. «Make Time for the Work That Matters». *Harvard Business Review*, septiembre de 2013 (product #R1309K).

El artículo de Birkinshaw y Cohan muestra el tiempo que pueden ahorrar los trabajadores del conocimiento si eliminan o delegan las tareas de menor importancia, y dedican su tiempo a tareas más provechosas. Los autores explican un método para que este tipo de profesionales pueda identificar las tareas innecesarias y proceda a eliminarlas, delegarlas o rediseñarlas, para asignar el tiempo a tareas más importantes. El artículo incluye una autoevaluación interactiva.

Mogilner, Cassie. «You'll Feel Less Rushed If You Give Time Away». *Harvard Business Review*, septiembre de 2012 (product#F1209D).

En este artículo estructurado con preguntas y respuestas, Mogilner comparte los resultados de su investigación que demuestran que ofrecer tu tiempo a los demás permite liberar tu carga de trabajo y ganar tiempo para tus proyectos.

Bibliografía clásica

Billington, Jim. «Fairly Timeless Insights on How to Manage Your Time» *Harvard Management Update*, febrero de 1997 (product #U97020).

Se ha escrito mucha literatura sobre la gestión del tiempo, especialmente, aquella que está relacionada con la productividad, es decir, cómo gestionar las tareas de tu trabajo. En este artículo, Billington asegura que los directivos deberían evaluar los resultados «analizando el panorama general, para descubrir qué tareas son prioritarias». Los profesionales deberían dedicar la mayor parte de su tiempo a las tareas verdaderamente importantes, y evitar las distracciones como apagar incendios, realizar presentaciones, hacer memorandos o asistir a reuniones irrelevantes que pueden consumir un día entero. El artículo incluye una breve lista de consejos prácticos para incrementar la eficacia en el trabajo.

Blanchard, Kenneth, William Oncken Jr., y Hal Burrows. *The One Minute Manager Meets the Monkey*. New York: Quill, 1989.

El objetivo de este libro consiste en permitir que tus colaboradores directos se encarguen de las tareas que pueden y deben hacer. Confía en ellos e instrúyelos, ¡pero nunca hagas su trabajo!

Mackenzie, Alec y Pat Nickerson. *The Time Trap: The Classic Book on Time Management*. Cuarta edición. New York: American Management Association, 2009.

Este libro de Nickerson actualiza el clásico libro de Mackenzie, *La trampa del tiempo*. Es decir, analiza esas *trampas* que nos impiden ser tan productivos como quisiéramos. Los autores clasifican las distintas trampas, como «la incapacidad de decir que no» o «las presiones del tiempo y no saber delegar», y ofrecen sus consejos para evitarlas.

Morgenstern, Julie. *Time Management from the Inside Out: The Foolproof System for Taking Control of Your Schedule and Your Life*. Segunda edición. New York: Henry Holt, 2004.

Aquellos que no abogan por la «gestión del tiempo» porque temen vivir una vida demasiado organizada o poco creativa estarán tranquilos gracias al método personalizado de gestión de Morgenstern. Este libro hace hincapié en crear un sistema de gestión del tiempo que se ajuste a cada estilo, tanto si una persona es espontánea, se distrae con facilidad o es realmente metódica.

Oncken, William Jr., y Donald L. Wass. «Management Time: Who's Got the Monkey?». *Harvard Business Review* On Point Enhanced Edition. Boston: Harvard Business School Publishing, 2000.

Muchos directivos no dan abasto. Tienen demasiados problemas, es decir, cargan con demasiadas responsabilidades. Por eso, frecuentemente, no tienen suficiente tiempo mientras sus empleados no aprovechan el tiempo adecuadamente. Este es el escenario común que describe el difunto William Oncken Jr. y Donald L. Wass en este clásico artículo de 1974 de la HBR. Este artículo describe cómo se combate este fenómeno y cómo se puede delegar eficazmente. En su comentario adjunto, Stephen R. Covey analiza tanto el poder imperecedero de este mensaje como el progreso de las distintas teorías de la gestión del tiempo.

Peters, Thomas J. «Leadership: Sad Facts and Silver Linings». *Harvard Business Review* OnPoint Enhanced Edition. Boston: Harvard Business School Publishing, 2001 (producto #8326).

En este artículo Peters sugiere que los «tristes sucesos» de la vida de un directivo pueden convertirse en oportunidades para persuadir a los demás y comunicar sus valores. La naturaleza segmentada de la jornada laboral puede crear oportunidades para abordar este tipo de ideas. En realidad, la fragmentación es precisamente lo que le permite a un directivo mejorar, probar y volver a probar las estratégicas que llevará a cabo una empresa.

Índice

Índice

Índice

Notas

Notas

Notas

Notas

Notas

Notas

Notas

Notas

Notas

Notas

Notas

Notas

Guías Harvard Business Review

En las **Guías HBR** encontrarás una gran cantidad de consejos prácticos y sencillos de expertos en la materia, además de ejemplos para que te sea muy fácil ponerlos en práctica. Estas guías realizadas por el sello editorial más fiable del mundo de los negocios, te ofrecen una solución inteligente para enfrentarte a los desafíos laborales más importantes.

Monografías

Michael D Watkins es profesor de Liderazgo y Cambio Organizacional. En los últimos 20 años ha acompañado a líderes de organizaciones en su transición a nuevos cargos. Su libro, **Los primeros 90 días**, con más de 1.500.000 de ejemplares vendidos en todo el mundo y traducido a 27 idiomas, se ha convertido en la publicación de referencia para los profesionales en procesos de transición y cambio.

Todo el mundo tiene algo que quiere cambiar. Pero el cambio es difícil. A menudo, persuadimos, presionamos y empujamos, pero nada se mueve. ¿Podría haber una mejor manera de hacerlo? Las personas que consiguen cambios exitosos saben que no se trata de presionar más, o de proporcionar más información, sino de convertirse en un catalizador.

Stretch muestra por qué todo el mundo -desde los ejecutivos a los empresarios, desde los profesionales a los padres, desde los atletas a los artistas- se desenvuelve mejor con las limitaciones; por qué la búsqueda de demasiados recursos socava nuestro trabajo y bienestar; y por qué incluso aquellos que tienen mucho se benefician de sacar el máximo provecho de poco.

¿Por qué algunas personas son más exitosas que otras? El 95% de todo lo que piensas, sientes, haces y logras es resultado del hábito. Simplificando y organizando las ideas, **Brian Tracy** ha escrito magistralmente un libro de obligada lectura sobre hábitos que asegura completamente el éxito personal.

De la mano de **Daniel Goleman** y de otros destacados investigadores, esta obra ofrece información actualizada y rigurosa sobre cómo alcanzar un mayor grado de bienestar y satisfacción personal a través de una correcta gestión de nuestras emociones.

Daniel Goleman, psicólogo y conferenciante de renombre internacional, es autor de bestsellers sobre inteligencia emocional. Está considerado como uno los pensadores más influyentes del mundo.

Referenciado como uno de los diez mejores libros sobre gestión empresarial, **Good to Great** nos ofrece todo un conjunto de directrices y paradigmas que debe adoptar cualquier empresa que pretenda diferenciarse de las demás.

Jim Collins es un reconocido estudioso especializado en qué hace que las empresas sobresalgan, y asesor socrático de líderes de los sectores empresariales y sociales.

Conoce los principios y las filosofías que guían a Bill Gates, Jeff Bezos, Ruth Bader Ginsburg, Warren Buffett, Oprah Winfrey y muchos otros personajes famosos a través de conversaciones reveladoras sobre sus vidas y sus trayectorias profesionales.

David M. Rubenstein ha hablado largo y tendido con los líderes más importantes del mundo sobre cómo han llegado a ser famosos. **Conversaciones** comparte estas entrevistas con estos personajes.

Gallup y **Reverté Management** publican una nueva edición de su bestseller número 1. Esta edición incluye un total de 50 ideas sobre acciones específicas y personales para el desarrollo de tus talentos dominantes. Cada libro incluye un código de acceso a la evaluación en línea de CliftonStrengths.

El libro de Ryan Holiday, **Diario para estoicos**, es una guía fascinante y accesible para transmitir la sabiduría estoica a una nueva generación de lectores y mejorar nuestra calidad de vida. En la **Agenda**, los lectores encontrarán explicaciones y citas semanales para inspirar una reflexión más profunda sobre las prácticas estoicas, así como indicaciones diarias y una introducción útil que explica las diversas herramientas estoicas de autogestión.

También disponibles
en formato e-book

**Solicita más información en
revertemanagement@reverte.com
www.revertemanagement.com**